# Adivinanzas, chistes y refranes picarescos

# Adivinanzas, chistes y refranes picarescos

Editorial Época, S.A. de C.V.
Emperadores 185
Col. Portales
C.P. 03300, México, D.F.

*Adivinanzas, chistes y refranes picarescos*

© Derechos reservados 2003
© Editorial Época, S.A. de C.V.
Emperadores No. 185
C.P. 03300-México, D.F.
email: edesa@data.net.mx
Tels: 56049046
      56049072^

ISBN: 970-62-72-52-4

Impreso en México - *Printed in Mexico*

# ADIVINANZAS

Adivíname esta adivinanza:
¿Qué será sabrosa cosa
redonda, pepona y jugosa,
que se pela por la panza?
*La Naranja.*

¿Qué es un viejito muy
viajeroque en todo se
entromete. Entra, sale y se
mete por rendija o agujero?
*El viento.*

Todos pasan sobre mí.
Yo no paso por nadie.
Todos preguntan por mí.
Yo no pregunto por nadie.
*La calle.*

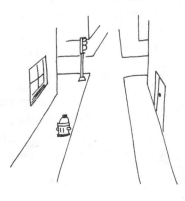

Señoras y señoritas.
Casadas y solteritas.
Gordas y delgaditas.
Se las meten estiradas.
Y las sacan arrugadas.

*Las medias.*

De panza con panza,
de brazo con brazo
y la lanza en medio,
se hace la danza.

*El tronco de caballos.*

Gallina o mujer de pato
lo parió, pero sin pies.
Y un marino genovés
lo sacó del anonimato,
parándolo por un rato
por el rabo en vez de pies.

*El huevo.*

Es un palito apuesto
que en la punta lleva punto.
¿Puedes decirme al punto,
qué es lo que es esto?

*El carbón.*

Sale de la sala,
entra a la cocina,
se mete en las rendijas
y pasa por la alcoba
meneando la cola
como una gallina.

*La escoba.*

En una prisión encerradas,
entre matrimoniales velos,
verás pepitas encarnadas,
ya juntas, ya separadas;
ruborizadas de celos.

*La granada roja.*

Se le viste para bailar,
se le desviste para danzar;
vestido no puede bailar,
y está hecho para danzar.

*El trompo.*

Se mete y se ataca
hasta más no poder,
si no entra, se saca,
se limpia la punta,
saliva se le unta
y se vuelve a meter.

*El estoque.*

¿Qué cosa se conoce que a las
damas caseras se les corta
sin tijeras, sin agua se les coce
y se trepa sin escaleras?
*La leche.*

Una vieja muy enredadora
tiene hijas muy peponas,
chaparritas, gordinflonas,
y un nieto predicador.
son sabrosas las bribonas
pero el nieto es trepador,
muy bravero y hablador
y amante de las "monas".
*La parra.*

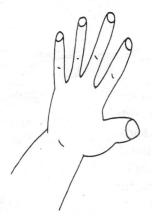

Los chiquillos son bonitos,
los otros soban hoyitos,
los de en medio pican cochos;
los de al lado son muy mochos
y los chaparros son gorditos.
*Los dedos de la mano.*

Se alarga y se encoge
pero nadie la mira
si alguien la coge,
suspira y suspira
porque algo la moje.

*La sed.*

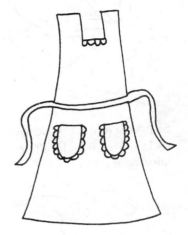

La cintura te la rodea
con las bolsas por delante
te pone rete elegante
y te cubre lo que chorrea.

*El delantal.*

Adivina, adivinador, ¿qué es lo que por más
que le quites se hace más grande?

*El agujero.*

Nació de padre dientón
y de madre aguada,
al nacer fue machucada
y metida en un fogón
al quemar se vio inflada
y comida por un tragón.

*La masa.*

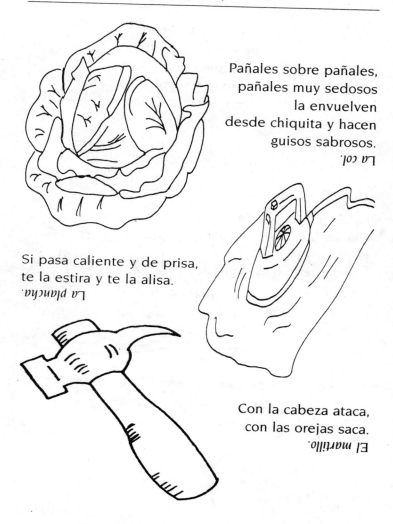

Pañales sobre pañales,
pañales muy sedosos
la envuelven
desde chiquita y hacen
guisos sabrosos.

*La col.*

Si pasa caliente y de prisa,
te la estira y te la alisa.

*La plancha.*

Con la cabeza ataca,
con las orejas saca.

*El martillo.*

¿Quién será la desvelada?
Flaca, dura, alargada,
de día y de noche parada,
pero siempre recargada.

*La tranca.*

Pepa prieta, lisa, carnuda;
su primera, repetida.
De tubérculo, nadie duda
y su final se escuda
en frase, que por sabida;
de hecho es sin duda.

*La papaya.*

Para meterla te empinas,
la punta le tomas primero
y la metes en un agujero;
y así con metidas finas,
y de hoyito en hoyito;
vas tejiendo muy bonito
un artístico crucero.

*La agujeta.*

Las solteras y casadas,
para aromar sus cositas,
les pelan las cabecitas
y las dejan desdentadas.

*Los ajos.*

Aquí sí que la duda es rey,
pues es su faz sedeña;
tercio, pero no de leña,
pelo, pero no de buey.

*El terciopelo.*

En las manos de las damas
casi siempre están metidos,
unas veces arrugados,
muchas más estirados
y otras más encogidos.

*Los guantes.*

Es chata y cabezona,
calva, boluda, lustrosa,
chillona y apestosa;
y más apesta la cosa
si le muerden la pelona.

*La cebolla.*

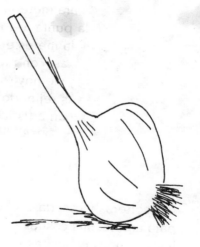

# LOS PARECIDOS

¿En qué se parece
la segunda parte del
Quijote a un idilio
amoroso?
*En que la introducción
es deliciosa.*

¿En qué se parece el
telón de un teatro
a una camisa?
*En que se levanta antes
de empezar la función.*

¿En qué se parece una
casa que se incendia a otra
deshabitada?
*En que de una salen llamas
y en la otra llamas y no salen.*

¿En qué se parece un sanatorio a una pulquería?
*En que en el sanatorio hay pobres enfermos,*
*y en la pulquería ricos curados.*

# NO ES LO MISMO

El río Mississipi que
*Me hice pipí en el río.*

La marquesa DINA que
*La dinamarquesa.*

Un león en la cama que
*Un camaleón.*

Huele a traste que
*Atrás te huele.*

La cómoda de tu hermana que
*Acomódame a tu hermana.*

Madre pura que
*Pura madre.*

Apalear un techo que
*Techar un palo.*

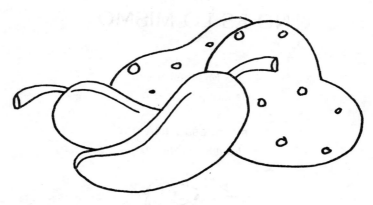

Papas en chile que
*Chile en papas.*

Emeterio, Zacarías, Saturnino y Guajardo que
*Meterlo, sacarlo, sacudirlo y guardarlo.*

El mondongo de Tapachula que
*Tápate el mondongo, chula.*

# LOS COLMOS

El colmo de un jugador
de ajedrez es:
*Que le den en la torre.*

El colmo de un futbolista es:
*Vivir de la patada.*

El colmo de un
escritor es:
*Comer sopa de letras.*

¿Cuál es el colmo
de un ciclista?
*Que aunque se bañe
huela a rayos.*

El colmo de la irreverencia es:
*Tener un curita pegado en las nalgas.*

¿Cuál es el colmo
de un relojero
parrandero?
*Que sus amigotes
nomás le den cuerda.*

El colmo de un plomero es:
*Tener un hijo soldado.*

El colmo de un miope es:
*Llamarse Casimiro.*

El colmo de un bombero es:
*Tener un fuego en la boca*
*y no poder apagarlo.*

El colmo de un
vaquero es:
*Andarse*
*con rodeos.*

El colmo de un caballo es:
*Tener silla y no poder sentarse.*

¿Cuál es el colmo de la gorda
de tus sueños?
*Que sea una pesadilla.*

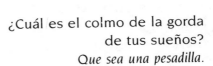

¿Cuál es el colmo de un sastre?
*Que tenga hijos botones.*

¿Cuál es el colmo de un
chango bastardo?
*Ser un hijo de la changada*

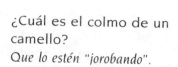

¿Cuál es el colmo de un
director de orquesta?
*Que sus músicos
le pinten un violín.*

¿Cuál es el colmo de un
camello?
*Que lo estén "jorobando".*

# PREGUNTAS

¿Qué le dijo el cuadro a la pared?
*Perdona que te dé la espalda.*

¿Qué le dijo un alambre
de luz al otro?
*Somos los intocables.*

¿Qué le dijo el
comal a la olla?
*Mira que tiznada estás.*

¿Por qué los
perros corretean
a los coches?
*Porque llevan un
gato adentro.*

¿Qué es peor que encontrar un gusano
en una manzana?
*Encontrar medio gusano.*

¿Por qué los elefantes
tienen la piel arrugada?
*Porque se duermen con ella.*

¿Cómo sacarías a un elefante
de una caja de cereal?
*Siguiendo las instrucciones.*

¿Cuál es el animal que hay
que divertir para que no
cambie de sexo?
*El burro, pues tiene que divertirse
para que no ¡se aburra!*

¿Cuál es el mar más futbolero?
¡El *Mar-acaná*!

¿Cuál es el mar más pegador?
¡El *mar-tillo*!

¿Cuál es el pez que usa corbata?
¡El *pez-cuezo*!

—¿Sabes cómo se dice "qué calor hace", en japonés?
—*Toditos sudamos.*
—Y ¿Cómo se dice espejo en chino?
—*Ai-toi.*

¿Cuál es el santo de las frutas?
San-día.

¿Cuál es el santo de los de sangre pesadita?
El san-grón.

# REFRANES

En los apuros y afanes,
pide siempre consejo a los refranes.

A buen santo te encomiendas.

Abunda como la mala hierba.

A cada capillita,
le llega su fiestecita

A caballo dado,
no se le mira el colmillo.

Acabándose el dinero, se terminó la amistad.

Ajonjolí de todos los moles.

Al jacal viejo, no le faltan goteras.

Al nopal lo van a ver sólo cuando tiene tunas.

Amarrarse los pantalones.

A muchas penas, las copas llenas;
a penas pocas, llenas las copas.

A mí las calaveras me pelan
los dientes.

Amigo que no da y cuchillo que no corta,
que se pierdan, poco importa.

Amores de lejos,
son de pendejos.

A ver de qué cuero salen más correas.

Aunque somos del
mismo barro,
no es lo mismo bacín
que jarro.

A río revuelto, ganancia
de pescadores.

¡Ay coco! ¿Ya no te acuerdas cuando eras chimisclán?

A ver si como
roncan duermen.

Buey viejo no pisa la mata,
y si la pisa, ya no la maltrata.

Bien haya lo bien parido,
que ni trabajo da criarlo.

Burrito que compra libros,
es burrito que los carga.

Cada quien con
su cada cual.

Como lo pinten
lo brinco,
y al son que
me toquen bailo.

Buscarle ruido al chicharrón.

Camarón que se duerme, se lo lleva la corriente.

Cría fama y échate a dormir.

Chaparra tenías que ser, pa' semejarte a mi suerte.

Como los toros del jaral, se van con todo y reata.

Con esa carne ni frijoles pido.

Con dinero baila el perro.

Contigo, pan y cebolla.

Cría cuervos y te sacarán los ojos.

Cuando está abierto el cajón,
el más honrado es ladrón.

Cuando el amor es parejo,
están de más los elotes.
(Los celotes)

Cuando la de malas llega,
la de buenas no dilata.

Cuando no llueve, llovizna.

Cuerpo de tentación,
cara de arrepentimiento.

Cuesta más el caldo que las
albóndigas.

Chato, pero las huelo.

Chiquito pero picoso.

Chupando, que es gerundio.

Dar atole con el dedo.

Dar el alón para comerse la pechuga.

Dar para sus tunas.

Dar la
machincuepa.

Date vuelo, bandolón,
aprovecha la tocada.

De beatas y
santurrones, tiene
el infierno montones.

¿Debo...? No niego.
¿Pago...? No tengo.

De limpios
y tragones, están
llenos los
panteones.

Donde hubo fuego, cenizas quedan.

Echar la aburridora.

Échate ese trompo
a la uña.

El miedo no anda en burro.

El oficio de aguador, al primer
viaje se aprende.

El pedir es fuerza, el dar es voluntad.

El que entre lobos
anda,a aullar se
enseña.

El pulquero que lo
entiende,más agua que
pulque vende.

El que de santo resbala, hasta
demonio no para.

El que nace pa' maceta, no pasa
del corredor.

El que ha nacido en petate,
siempre anda oliendo a tule.

El que tenga más saliva,
que trague más pinole.

El que tiene peones y no los ve,
anda en cueros y no lo cree.

El que es perico, donde quiera
es verde y el **que** es tarugo,
donde quiera pierde.

Enero y febrero, desviejadero.

En cuanto
ven burro,
se les ofrece
viaje.

Es bueno el encaje, pero no tan ancho.

Gallina vieja, hace buen
caldo.

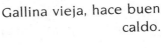

Gallina cacariquienta,
es la que se toma en cuenta.

Ganas tiene el aceite
de chirriar ese tocino.

Hay que estar en las verdes
y en las maduras.

Hazte arco, chirrión del diablo.

Hechos son amores, y no buenas razones.

Ir por lana y salir trasquilado.

Irse a las greñas.

Irse como el mayate, con todo y hebra.

Irse con los huacales vacíos.

La cobija y la
mujer, suavecitas
han de ser.

La beben de a cinco y la platican de a diez.

La burra no era arisca,
los palos la hicieron.

Las mujeres son tan raras
que a veces, para seducirlas,
hasta da resultado decirles la verdad.

La mejor
mula se me
está echando.

Los porrazos hacen
al jinete.

Más vale pájaro en mano,
que ver un ciento volar.

Ni sopa
recalentada ni amor
por segunda vez,
porque ni la sopa
es sopa ni el amor
tampoco lo es.

No hay mal
colchón para
un buen
sueño, ni
gordas duras
para el hambre.

No hay mal que por bien no venga.

No hay plazo que no se venza
ni deuda que no se pague.

No obstante
que me vean
pollo, tengo más
plumas que un gallo.

No sale de
perico perro.

No siento lo recio sino lo tupido.

Ojos que no ven,
corazón que
no siente.

Por más que chille
el cochino,
no aflojes el mecate.

Por un borrego
no se juzga
la manada.

Reloj, caballo y mujer,
tener bueno o no tener.

Sacar el buey de
la barranca.

Saliste con tu batea de babas.

Se asustan con el petate del muerto.

Suerte te dé Dios, que el
saber poco te importe.

Según San Andrés,
el que tiene cara de bruto, lo es.

Si como lo menea lo bate,
¡qué sabroso chocolate!

Si doy, pierdo
la ganancia
de hoy; si fío,
pierdo lo de
otro y lo mío;
si presto, al pagar
me hacen mal
gesto. Para
evitarme todo
esto: no doy,
ni fío ni presto.

Si el agua destruye puentes,
y acaba con los caminos.
¡Qué no hará con los intestinos!

Si las tenemos nos hartan,
si se nos van, las extrañamos.

Si quieres tener enemigos, haz favores.

Solamente una cuenta
tienen que llevar las mujeres...
y siempre se equivocan.

Sólo los guajolotes
mueren la víspera.

Si tu novia es una santa, llévala
al altar... y déjala ahí.

Tiernitas, aunque amarguen.

Tanto cuero y yo sin zapatos.

Todo cabe en un jarrito
sabiéndolo acomodar.

Traer por la calle de la amargura.

Una no es ninguna;
dos, es media;
tres, es una.
y como una
no es ninguna...
volveremos
a empezar.

Ya trepado
en el caballo, hay
que aguantar
los reparos.

Zapatos que no hacen ruido,
de pendejo, bruja o bandido.

# ALBURES

Ante esa pierna, prefiero levantar el vuelo.

¿Has visto un torpedo con saco y pantalón?

Si dices "teleras", ¿pasas a creer que no te oigo?

La hermana de la chueca, dice que hagas mutis.

Si vas al mercado, compra un nabo
y cuatro limas.

A puros torpedos, saco a flote un submarino.

Jarrito nuevo, ¿dónde te pondré?

¡Ora es cuando, chile verde,
le haz de dar sabor al caldo!

¡Ora sí, violín de rancho, ya te
agarró un profesor!

Aplanador de calles a puro camelleo.

Recargado en paredes para que éstas,
no se caigan.

Recogedor de
aserrín para
fabricante de
embutidos

¿Tubo dice? Meto los pies al agua.

¿Corneta oí? Chu papá
dice que no.

¿Viejo? Viejo el
árbol y todavía se
le para el pájaro.

Tratándose de
hermanas,
yo rompo
la amistad.

¿Caña? La del
chupamirto es buena.

Las hojaldras son muy dadivosas, ¿será cierto?

Cuando oigo cadera, ta' lloviendo, ¿por qué será?

Cuando oigas tepalcuanas, pasa corriente.

Te presto esta corneta si me soplas este ojo.

# CHISTES PICOSOS

Mujer desvelada a marido trasnochador:
—¿Así que no llegaste temprano,
dizque porque tuviste una junta?
—Así es mi gordis...
—Sí, pero de seguro fue una
"junta de ombligaciones".

La linda muchacha semidesnuda,
mientras se arregla el pelo, dice a su amante:
—Y no creas que acepto casarme contigo,
por los millones que te heredó tu papá.
—¿No, mi vida?
—No, te hubiera aceptado lo mismo,
si te los hereda tu tío o tu abuelito.

Una chica visita en el sanatorio a una madre soltera.
—Oye Lidia, pero qué lindo está tu bebé.
—Cállate, Claudia, y pensar que ese abusivo
instructor me dijo que se trataba de
una nueva llave de judo.

Una guapa y coqueta mesera dice a cliente sangrón:
—¿Cómo se le hacen sus huevos?
—Pa'cá y Pa'llá.
—No hombre, le digo que, ¿cómo quiere sus huevos?
—Con muuuu...cho cariño.
—No, me refiero a sus blanquillos...
—Así me quedan, blanquillos, cuando les echo talco.

Zoyla Máximo pregunta a Pepito Pérez:
—¿Quiénes son tus padres?
—Una monja y un fraile...
—Ah, ¿colgaron los hábitos?
—No. Nomás se los "arremangaron".

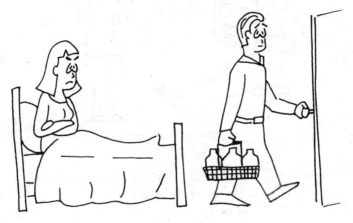

En el momento en que Panfleto Cucufato
se viste precipitadamente y se dispone a reanudar
su reparto de leche, le dice su joven
y hermosa pareja:
—No lo habrás de creer, Panfleto, pero con tu acti-
tud, me estás aventando a los brazos de mi esposo.

—Oye, Claudia, ¿por qué ya dejaste de ir
con el psiquiatra?
—Porque me resultó ser "Diván el Terrible".

Dos mamertos en acción:
—¿Cómo le dirías a tu bebé?
—Mi rorro.
—¿Y al bebé de tu perro?
—Mi perroro.

—Oye viejo, ¿supiste que la señorita Méndez va a
tener un hijo?
—Ese es su problema...
—Pero dice que es tuyo también...
—Ese es mi problema...
—Pero es que tú eres mi marido...
—Ese es tu problema...

—¿Te casarías conmigo?
—Eso depende de ti.
—¿Cuándo?
—Eso depende de tu mamá.
—¿De qué viviremos?
—Eso depende de tu papá.

Rosa pregunta a Lucrecia:
—¿Por qué tu marido es tan feo y tus hijos
tan bonitos?
—Porque a cada uno de mis hijos le escojo
un padre guapo.

La solterona fea, hija única, rezaba al santo
de su devoción:
—¡Ay, San Antonio, para mí no te pido nada,
pero para la pobre de mi mamacita sí,
hazla abuela por favor!

La chica buenísima le dice a su novio:
—A las doce de la noche te subes por el árbol y te
metes a mi cuarto.
—¡Órale pues!
Llega la hora y el galán sube al árbol,
pero se equivoca y se mete al cuarto de su suegra,
la cual grita histérica:
—¡Ay! ¿Eres tú, maridito?
—No, señora... soy yo, su yernito.

Dos amigas comentaban en el súper:
—¿Y qué tal te salió tu marido para la cama, Natalia?
—Pésimo, con eso de que es periodista,
primero era "diario", después fue "semanario" y
ahora es "mensual".

Dos tenorios de barriada en acción:
—Qué cara está la vida...
—Sí, hombre... antes podía uno mantener tres casas:
la grande, la chica y la de en medio.
—Pues no creas, ora también eso es posible.
—¿Cómo?
—Siempre y cuando las nenas corran con sus gastos.

El director de un internado dice a la madre
de un alumno:
—Señora, le tengo dos noticias,
una mala y la otra buena.
—¡Venga la mala!
—Su hijo es joto.
—¿Y la buena?
—Lo coronaron "Reina del Carnaval".

Archibalda Mafalda Minifalda dice a Mirinda Miranda:
—¿Tu bufanda es de lana virgen?
—Pues yo francamente, no me meto en la intimidad
de las borregas...

SE ABRE EL TELÓN
1er. acto: Una madrecita prepara sus maletas.
2do. acto: Esa misma religiosa va al aeropuerto.
3er. acto: El avión levanta el vuelo y se lleva a la
monja.
¿Cómo se llama la obra?
PARTIDA DE MADRE

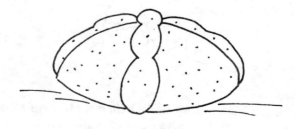

Mi suegra es tan vieja, pero tan vieja, que en vez
de bizcocho, tiene pan de muerto.

Esa chava tiene tan buenos "chicharrones"
pero tan buenos "chicharrones", que si fuera
torera, podría dar el pase de pecho sin
necesidad de muleta.

Era una vaca tan flaca, pero tan flaca, que en vez de
leche daba lástima.

Esa borrega merina es tan ágil y rápida
para correr, que está sentenciada, nomás
a dar pura lana virgen.

—Oye, Eusebio, ¿cómo distingues tú los
gallos viejos de los jóvenes?
—Por los dientes, Eulogio.
—Pero... ¿qué tienen dientes los gallos?
—No, pero los tengo yo, que pa'l caso es igual.

Lo siento, señora Ramírez... ¡Pero usted sabe cuán
difícil es lograr que su esposo se tome la medicina!

—Estamos haciendo una rifa para una de
las secretarias a quien le ha ido muy mal.
¿Quieres comprar un boleto?

—No, mano, si me la saco mi esposa no va a aceptar que me quede con ella.

Un viajero llega a su casa intempestivamente y sorprende a su mujer en "dulce coloquio" con el abarrotero de la esquina.
El señor Venancio se apresura a ponerse los pantalones, tal vez porque le parezca incorrecto presentarse ante el señor de la casa en forma tan ligera, mientras la mujer se queda sentada en la cama.
—Es cierto, sí, que no te compré el calentador que me pediste —le dice el marido acercándose—, pero bien podías haber elegido otro medio de calefacción.

Al regresar de su luna de miel, la recién casada comentó con su más íntima amiga:
—La vida está llena de decepciones; tampoco las Cataratas del Niágara fueron tan grandes como yo esperaba.

Dice la afectada al juez:
—Ese barbaján me tocó... salva sea la parte...
—Las nalgas, señor juez...
—No sea majadero, se dicen "los glúteos"... A ver,
diga usted su versión de los hechos...
—Pues verá usted, yo iba en el metro, entonces al
pasar la señora me repegó sus... ¿cómo dice que se
llaman las nalgas de la señora?

Al entrar a la oficina de recepción de un gran
hospital, una bien desarrollada mujer le dijo
a la enfermera de guardia:
—Quiero ver al tócalo, señorita.

—Querrá usted decir tocólogo, ¿no es así?

—Bueno, llámese como se llame, quiero que me haga un desconocimiento —replicó la hembra.

—Querrá usted decir reconocimiento —corrigió la enfermera.

—Probablemente —concedió la paciente—; quiero ir a la sección de fraternidad.

—Sección de maternidad —rectificó la recepcionista con una ligera sonrisa.

—Mire —insistió la mujer—, no conozco muchas palabras largas, pero sí sé que no he demostrado durante tres meses y creo que estoy avorazada.

La maestra de tercer año estaba tratando de explicar a sus alumnos la diferencia entre singular y plural. Para poner un ejemplo objetivo, preguntó a uno de sus niños:

—¿Qué sería si yo digo: una mujer se está asomando por la ventana?

El pequeño Robertito contestó:

—Singular, maestra.

—Muy bien, Robertito. Ahora tú, Pepito.
¿Qué sería si en lugar de una mujer
se asomaran varias por la ventana?
Pepito se puso de pie y sin meditarlo
respondió:
—Prostíbulo, maestra.

La rica dama, procedente de la iglesia,
entra en la sala de su lujosa mansión y comunica
a su esposo, que está leyendo el periódico:
—He dicho al cura en mi confesión que durante
todo el tiempo de la Cuaresma ni un gramo
de carne ha entrado en mi cuerpo...
El viejo rico levanta sus gafas y mira
a su esposa fijamente.
—Cuando hables de mí, querida, incluso a un sacerdote, preferiría que usaras otras expresiones.

Cuando llegó al farol de la esquina
se dio cuenta de que la trotacalles era tan vieja,
que no sabía si llevarla a un hotel
o al asilo de ancianos.

—Oye, Toñeta —preguntó el joven universitario
a su novia—, ¿por qué no llevas el broche
que te di con el símbolo de mi facultad?
—¡Era un estorbo, Pedro —respondió
la bella estudiante, haciendo
un pucherito juguetonamente—, todos
los muchachos se quejaban
de que les arañaba las manos!

El padre ya estaba verdaderamente alarmado
por la fijación que sentía su hijo por los
pechos femeninos. El chico a cada rato apuntaba
a las muchachas y murmuraba:

—Mira, papi, ¡qué cosotas!
Por fin el padre lleva a su hijo con el psiquiatra,
quien le aseguró que en una sola sesión
quedaría solucionado el problema.
De regreso caminaron varias cuadras hasta la parada
del autobús, y el muchacho iba callado.
El padre creyó que se habían acabado
sus preocupaciones, hasta que el chamaco
abrió la boca:
—Mira, papá, ¡qué nalgotas tiene el chofer!

Dos jóvenes monjas son sorprendidas por
dos tipos que las someten y empiezan
a violarlas.
—Perdónalos, Señor, porque no saben lo que hacen.
—Pues yo no sé el suyo, madre, ¡pero el mío
es fantástico!

—¡Ay, doctorcito! ¡Antes de dejarme sacar
la muela, preferiría tener otro hijo!
—Pues decídase, señora, para ver
cómo acomodamos el sillón.

Uno de los invitados a la boda, que ya se encuentra
bastante achispado, se dirige a la mamá de la novia:
—Disculpe, señora, ¿dónde están los novios?
—Allá arriba, juntando sus cosas.
—¿Tan pronto?

En el cincuenta aniversario de su boda,
la anciana se dirige a su esposo:
—¡Lo que hacen los años, Tiburcio!
—¿Qué dices, Chonita?
—Hace sólo cincuenta años ¡con qué facilidad
se te paraba el miembro! Y ahora,
¡con qué facilidad se te puede parar el corazón!

—Oye, Beltraneja, dime, ¿por qué te dedicaste
a la vida fácil?
—Pues verás. Todo comenzó con mi insomnio.
No podía dormir, no podía comer, hasta que de
pronto me di cuenta de que tenía que aprovechar
estar acostada y despierta toda la noche.

En un incendio, el marido grita a un bombero:
—¡Salve a mi mujer!
El tragahumo se mete a la casa
y al rato sale cargando a una mujer desnuda
y bastante apetecible.

—¿Ésta es su mujer?
—No, pero démela para llevármela
a un lugar seguro tras los árboles.

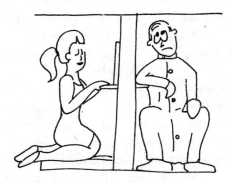

Una chica buenísima se confiesa con el padre Rico.
—Me acuso, padre, de que engañé a mi marido
treinta veces.
—¿Con treinta hombres?
—No, con el mismo.

El pequeño Enriquito tiene seis años. Carmencita,
su hermana mayor, va pronto a casarse.
Todo el día el mocoso oye hablar del casamiento
y su infantil imaginación galopa velozmente.

—El casamiento... ¿qué será el casamiento?
—se pregunta.
Dos veces ha interrogado a su mamá, pero ella no
se ha dignado a responderle y ya no aguanta más.
¿Quiere saber a toda costa!
—¡Yo quiero saber lo que es el casamiento!
¡Quiero saberlo!
Le grita a su madre, pataleando y berreando.
Entonces su mamá, con los nervios hechos un ovillo,
lo atrapa vivamente, le mete la cabeza
bajo su brazo izquierdo y con la mano derecha
le da una golpiza en el traserito, diciendo:
—¿Quieres saber? ¡Bien! ¡Esto es el casamiento!
Llega el día de la boda y Carmencita levanta
en brazos a Enriquito para acariciarle.
—¿Y tú sabes lo que es el casamiento, hermanita?
—pregunta el niño riendo fuertemente.
—Claro que lo sé, queridito.
—Entonces, ¡cuidado con tu trasero esta noche! ¿Eh?

En vista de que la criada tarda en volver,
la señora se impacienta.
—Juana —le dice a su regreso—, ha estado usted
tres horas en la calle.

—Perdone la señora, pero he ido a un lugar
donde nadie podía ir por mí.

—¡Insolente! ¡Habráse visto, cochina!

—No se enoje la señora, que he ido a retratarme.

# CHISTES DE AQUÍ Y DE ALLÁ

En un restaurante:
—¡Mesero!, llevo media hora hablándole,
¿qué no tiene orejas?
—Sí, señora, ¿las quiere fritas o en vinagre?

Un mosquito le dice a su mamá:
—Mami, ¿me dejas ir al circo?
—Sí, mi hijito, pero no te acerques por
donde están aplaudiendo.

Es tan vieja, pero tan vieja, que cuando Dios dijo:
"Hágase la luz", ella ya debía tres meses.

En un convento preguntan:
—¿Está el padre Pior?
—No, señora, ya está muy mejorado.

Un extraterrestre toca a la puerta del Lic. L. Fante
y abre la criada soltera Pérez:
—Vengo de Marte...
—¿De marte de quién?

—Señor médico, me siento muy mal.
—A ver, explícate.
—Ya verá, debo estar muy malito
y, sin embargo, cómo igual que un lobo,

bebo como un caballo,
bufo como un toro y duermo como un lirón.
¿Qué me aconseja usted?
—Pues hombre, en vista de todo esto...
que te vayas a casa del veterinario.

—Mesero, ¡una mosca en mi sopa!
—No le tema, ¿no ve que está "nadando
de muertito"?

La criada dice al señor de la casa:
—Ay, patrón, un tipo muy terco a juerzas quería
comprar un burro.

—¿Un burro aquí? ¿En mi casa? ¿Y tú qué le dijiste?
—Pos le dije que lo sentía mucho, pero que asté no
estaba en casa.

—Oiga, maestro, ¿dónde va a parar
el agua de los ríos?
—Pues, ¿dónde ha de ir? Al mar.
—Pero si todos los ríos, grandes y pequeños des-
aguan en el mar, ¿cómo es que éste no se desborda?
—¡No seas tonto! ¿No sabes que en el mar
hay esponjas? Pues esas chupan el agua.

Policía novatón a comandante avorazado:
—Mi superior, hubo un choque
y le vengo a dar parte...

—¿A darme parte?
O me da el noventa por ciento o le quito su crucero.

Tres negros caminaban por la playa cuando
de pronto se encuentran una botella medio
enterrada en la arena.
La levantan, la destapan y aparece un genio.
—Por haberme liberado, les puedo conceder
tres deseos —les dice—. Que sea uno para
cada uno y así nadie peleará.
—Pues yo quiero ser blanco —dijo uno de
los negros.
¡Hooosh! Deseo concedido.
Rápidamente se
convierte en blanco. Uno se queda maravillado
y el otro como que se aguanta la risa.
—Yo también quiero ser blanco
—dice el segundo—, pero además quiero tener
el pelo lacio y los ojos azules.
¡Hooosh! Deseo concedido.
También se convierte
en blanco, de pelo lacio y con los ojos azules.

El tercer negro no podía ya aguantarse la risa.
—¿Y tú, qué quieres que te conceda...?
—¡Que me conviertas a estos blancos en negros!
¡Hooosh! Deseo concedido.

Una enfurecida mujer se queja con el juez:
—Vengo a acusar a mi marido de hacer el amor
diez veces en una sola noche.
—Oiga, señora, debería entonces sentirse muy feliz.
—Es que este desgraciado lo hace con la criada.

Un tiburón se hallaba enamorado de un
submarino y cada vez que éste lanzaba un torpedo,
el tiburón repartía puros.

Por la calle va haciendo "eses" un vampiro
y llevándose las manos a la boca,
de la que escurren hilillos de sangre.
Otros vampiros se dejan guiar por el olor
y se acercan a preguntarle:
—Oye, Vampirazo, ¡cuanta sangre! ¿Dónde cenaste?
—¿Ven esa barda?
—¡Sí! —Responden los vampiros emocionados.
—¡Pues yo no la vi!

Una estupenda actriz regresa a los estudios
de televisión.

—Ya regresé, señor productor.
—Se ve usted mejor, señorita Bustillos.
—Como me operé, ahora soy María Bustotes.

—Un caballero de la Mesa Redonda
se dispone a salir para combatir a los infieles
y cuando le está poniendo un cinturón de castidad
a su mujer, el escudero pregunta:
—Señor, ¿para qué le pones cinturón a tu mujer,
siendo tan fea?
—Porque, cuando regrese,
le diré que se me perdió la llave.

La esposa llega a las seis de la madrugada
a su casa, desnuda.
El marido reclama:
—¿Dónde pasaste la noche, perdida?
—Jugando cartas.
—¿Y lo perdiste todo?
—No, salvé los aretes.

Dos monjes encapuchados tocan la puerta
de un convento. Se asoma la madre Tornera
a ver quién es. Uno de ellos pregunta:

—¿Aquí es donde solicitaron dos capuchinos bien
calientes?

La recién casada le confiesa a su marido:
—Tengo algo que decirte.
—¿Qué?
—Que no soy Pura.
—¿Por qué?
—Sí, no soy Pura, soy su hermana gemela "Perfecta".

Un paciente llega angustiado con el psiquiatra.
—Mi esposa ya no me aguanta.
¡Me quiere correr de la casa!
—¿Por qué?
—Es que cuando ya me estoy durmiendo,
llega un duende y me pregunta.
¿Ya hiciste pipí?
¡Y me gana!
—La solución es simple.
Cuando el duende le pregunte,
dígale que ya hizo pipí, y asunto arreglado.

Un mes más tarde, regresa el paciente.
—¡Ay, doctor! ¡Ahora sí me corre mi mujer!
—¿Qué sucedió? ¿No le funcionó el consejo?
—De maravilla. Pero es que anoche, cuando
llegó el duende, me preguntó si había hecho pipí,
y le dije que sí. Pero me preguntó:
"¿Y popó?"

El peluquero canijo le dice al calvo:
—Ya sé cómo podrá conservar su pelo.
—¿Cómo?
—Guárdelo en una cajita.

En una visita guiada por el manicomio,
unos niños miran extrañados a tres locos
que cuelgan de un árbol.
—¿Qué pasa ahí? —Pregunta un niño.
—No se fijen, lo que pasa es que esos locos
se creen higos. —Responde un loquero.
—Mire, se acaba de caer uno —señala otro niño.
—Sí —dice el loquero—,
es que ése ya está "maduro".

En el consultorio del doctor:
—Empezaremos por hacerle unas preguntas.

—¡Guau, guau!
—Y dígame, señor, ¿desde cuándo se siente
usted perro?
—¡Ay, doctor, desde que era cachorrito!

—No hay que dudar, está yerto, ya expiró
—dijo el doctor.
Y el enfermo:
—No, señor —le contestó—, no estoy muerto.
El médico que lo oyó, mirándole con desprecio,
le replicó —¡calle el necio!
¿Querrá saber más que yo?

Sentóse sobre el sombrero
de Policarpo, Evaristo,
Uy éste, con un no lo he visto,
disculpó su desafuero.
Más al oírlo, con enojo
gritó la víctima en seguida:
—¿Qué no lo ha visto? ¡Por vida!
¡Pues no le ha echado mal ojo!

En el salón de belleza Jacaranda,
situado en la zona rosa de la ciudad,
varias mujeres comentan sobre la cantidad de hijos
que tienen.
Una dice tener seis, otra cuatro y la de más allá,
que está debajo del secador, confiesa tener siete.
Una guapa hembra, que está pintándose el pelo,
no ha dicho nada, por lo que la madre de seis hijos
. le pregunta:
—Y usted señora, ¿cuántos hijos tiene?
—Uno —manifiesta la aludida.
—¡Uno nada más! ¿Y por qué? —inquiere la misma
señora.
—Pues yo creo que es bastante mérito
para una soltera.

Un hombre que había padecido todas las
enfermedades venéreas habidas y por haber
fue e ver al médico quejándose de fuertes dolores
en el miembro.
El especialista lo examinó detenidamente
y en tono tranquilizador anunció:
—Ahora lo arreglo. Súbase a este banco.
El paciente obedeció poniéndose de pie sobre el
banquito. Luego, el galeno le ordenó:
—Brinque al suelo y procure caer con los dos pies
al mismo tiempo.
El enfermo así lo hizo y de inmediato exclamó
con satisfacción:
—Doctor, ¡ya no me duele!
El especialista, sin darle importancia a sus palabras,
replicó:
—¡Cómo le va a doler si ya se le cayó!

Un hombre entró en un pequeño restaurante
y pidió dos hamburguesas. Vio a la empleada abrir
el refrigerador y sacar dos tortas de carne que se
metió debajo de los brazos.
—¿Por qué hace eso? —preguntó el cliente.
—Estoy descongelando la carne —respondió ella
sin inmutarse.
—¡Vaya! —expresó el tipo—. ¡Me alegro de no
haber pedido dos hot dogs!

—Francamente, empieza a preocuparme
un poco el que mi marido salga tan seguido
con sus amigos.

—He oído decir que eres muy tímida
—murmuró un joven a su compañera en tono
tranquilizador, mientras caminaban a través de un
solitario parque iluminado sólo por la luna—.

Pero no tienes que preocuparte por entablar
una conversación.
Se me ocurre un método muy sencillo que
eliminará la necesidad de conversar.
Por ejemplo, si por la expresión de tu rostro
me doy cuenta de que estás contenta,
eso significará que quieres que te tome de la mano;
si sonríes, querrá decir que deseas que te bese.
¿Verdad que es fácil? ¿Qué opinas de mi sistema?
¡Ella soltó una fuerte carcajada!

—Todo empezó en la escuela de párvulos,
cuando por mi buen comportamiento la maestra
me daba estrellitas doradas...

La procesión se celebraba en el interior del templo,
detrás de los monaguillos el sacerdote avanzaba
solemne con el incensario.
Un homosexual se acercó y le advirtió:
—¡Oh, Dios mío!, señor cura, tenga cuidado,
se está quemando su bolso.

Un turista americano, que por primera vez visitaba
la ciudad de México, después de terminar
su opípara cena, salió a caminar por los
alrededores de su hotel, situado en la principal
avenida de la hermosa metrópoli.

De pronto, se le acercó un tipo de esos que se
encargan de acarrear clientes a los prostíbulos
y misteriosamente le insinuó:

—Oiga, míster, ¿quiere hacer el amor con una
hermosa muchacha?

—Mire, jovencito —farfulló el extranjero—,
aquí ni siquiera me atrevo a tomar agua.

# ÍNDICE

Esta obra se terminó de imprimir
En Junio del 2007 en los
**Talleres de JM Impresores**
San Felipé de Jesús No 82
Col. Barrio San Miguel 09360 México, DF.
Tiro: 1,000 ejemplares más sobrantes